AFFAIRE DE LA REINE-BLANCHE

AFFAIRE

DE

LA REINE-BLANCHE

DOSSIER

DE MONSIEUR MERCEREAU

BREST

IMP. DE J. B. LEFOURNIER AÎNÉ, GRAND'RUE, 86

1871

AFFAIRE DE LA REINE-BLANCHE[1]

DOSSIER DE MONSIEUR MERCEREAU

Au mois de Novembre 1870, après deux croisières dans la Mer du Nord, la corvette cuirassée la *Reine-*

---

(1) L'état-major de la *Reine-Blanche* était ainsi composé :

MM. TRICAULT, Capitaine de vaisseau.

HARDY, Capitaine de frégate.

LE BOURHIS, Aumônier.

VILLERS, Lieutenant de vaisseau.

MANGEART,   —

CANTALOUBE,   —

BLOT,   —

MERCEREAU,   —

SABLÉ, médecin de première classe.

JEAUGEON, Médecin de seconde classe.

DUFAUR, Officier d'administration.

GIRARD, Mécanicien principal.

Blanche rentrait à Lorient pour y désarmer. Depuis la défaite de Sedan et la Révolution de Septembre qui en fut la suite, l'horizon politique ne s'était pas éclairci : Metz avait capitulé et les troupes de Bazaine étaient allées grossir le nombre déjà si grand de nos pauvres soldats, prisonniers en Allemagne. De cette magnifique armée dont nous étions si fiers, au commencement de Juillet, et que nous regardions comme invincible, il ne restait que des débris épars, et le corps que le général Vinoy était parvenu à soustraire au désastre, dans lequel s'étaient englouties notre fortune militaire et celle de l'Empire lui-même. Monsieur Gambetta venait de prendre à Tours une haute direction, qui allait devenir une véritable dictature ; déjà l'avocat Jules Favre avait rendu inévitable la continuation d'une guerre désespérée, grâce à la phrase qui restera célèbre : « Ni un pouce de territoire, ni une pierre de nos forteresses. » L'avocat Gambetta se chargeait d'organiser la victoire et, d'un cœur aussi léger que Monsieur Ollivier, se faisait le Carnot de la troisième République. Au milieu de malheurs sans nom, que l'on attribuait peut-être trop facilement à la désorganisation et à l'indiscipline de notre armée, tristes résultats des flatteries que lui avait prodiguées le régime impérial, alors que tout ce qui faisait notre force semblait s'effondrer, restait un corps que la bonne tenue, la valeur des officiers, la discipline, le courage, la fidélité des hommes recommandaient à l'estime et à l'affection du pays : c'était la marine. Ce fut le moment choisi par deux lieutenants de vaisseau pour publier contre leurs chefs des dénonciations encore plus insensées que coupables, et alors parurent dans toutes les feuilles dites républicaines les lettres de MM. Mercereau et Mangeart. Avec quel empressement tous les démolisseurs de la presse périodique s'emparèrent de cette affaire de la *Reine-Blanche !* Quelle aubaine ! Comment, la France croyait qu'il existait un corps honnête et respectable ! Quelle erreur funeste et quel bonheur de pouvoir jeter de la boue sur cette marine peu connue, mais haïe d'instinct par tous les coryphées de la démocratie, le *Phare de la Loire* en tête.

Je ne parlerai de Monsieur Mangeart que pour exprimer le regret d'avoir vu un officier honorable et estimé s'associer avec Monsieur Mercereau pour commettre une méchante action, et cette alliance me surprend d'autant plus, que j'ai de fortes raisons de croire qu'il n'avait pour celui dont il s'est fait le complice qu'une estime et une sympathie médiocres.

Voici les lettres de Monsieur Mercereau que j'emprunte, la première au journal de Monsieur Mangin et la seconde au *Progrès du Var*, de Toulon :

(PIÈCE N° 1)

QUE FAIT NOTRE MARINE[2] ?

« Lorient, 13 Novembre 1870.

» Monsieur,

» Je vous serai reconnaissant de donner à ma lettre
» la plus grande publicité.

» On ne connait pas assez l'inertie, le mauvais vou-
» loir, pour ne pas dire plus, de quelques officiers de
» l'ancien régime[3]. Cela tient à ce que personne ne
» veut attacher le grelot ; passez-moi la vulgarité de
» l'expression, elle rend ma pensée.

» Tel qui proteste à huis-clos, n'ose rien dire ouver-
» tement ; c'est une position à garder, la crainte de
» s'attirer des inimitiés puissantes et aussi la crainte

---

(2) Les Chambres de commerce allemandes et le chancelier du nouvel empire se sont chargés dernièrement de répondre à cette question, en évaluant à 700 millions le dommage causé au commerce germanique par nos blocus proclamés si inefficaces et nos croisières inutiles.

(3) Que signifie cette expression d'*ancien régime ?* Veut-elle dire que ces officiers ne sont pas républicains ? — M. Mercereau n'en sait rien· — Veut-elle dire qu'ils sont impérialistes ? — Il n'en sait pas davan-tage. Ce qu'il sait, c'est que le jour où nous avons appris la révolution de septembre, ils n'ont pas éprouvé comme lui le besoin d'aller serrer la main de leurs inférieurs et de fraterniser avec eux sous le coup de cette bonne nouvelle.

» plus légitime de voir mal interpréter le mobile qui
» fait agir.

» Toujours des considérations personnelles ; nul
» souci de la chose publique. Et c'est là-dessus que
» spéculent ceux qui manquent à leurs devoirs ; ils se
» disent : personne n'osera se charger du rôle de
» dénonciateur.

» Il semble que ces chefs coupables veulent mesurer
» l'abaissement des caractères.

» Mais il faut que ce scandale cesse ; il est temps que
» les infimes considérations de personnes le cèdent à
» une considération d'ordre élevé, à l'intérêt général.

» Se taire dans les circonstances actuelles, c'est être
» complice. Des officiers, dignes de ce nom, n'ayant
» point abdiqué toute initiative, ne peuvent, sans pro-
» tester, se laisser condamner à une inutilité absolue.

» Ainsi que nombre de mes collègues, j'ai été témoin
» de faits qui prouvent chez leurs auteurs une incurie
» complète..... ou le sourd dessein d'entraver la dé-
» fense.

» Vous n'êtes point d'ailleurs sans avoir lu les pro-
» testations des officiers que l'on oblige à assister,
» l'épée au fourreau, à la ruine de leur pays.

» Je ne récriminerai point inconsidérément avec des

» gens qui s'entendent comme larrons en foire[4] :
» il ne faut s'avancer que preuves en main, donnant
» ainsi un grand poids à ses paroles.

» Je ne juge point dangereux des énergumènes
» comme cet officier supérieur, à qui j'ai entendu dire
» sur le pont : La défense est absurde, idiote (*sic*), il
» faut fusiller (*sic*) les membres du gouvernement de
» la défense. La franchise d'un pareil énergumène,
» qui a le singulier courage de la lâcheté, le rend
» moins odieux et plus grotesque. Que son nom reste
» enseveli sous le mépris des officiers et des matelots
» qui l'ont entendu. Ceux qui sont dangereux, ce sont
» les hommes plus calmes, plus diplomates, que des
» services réels antérieurs ont fait connaître et qui,
» manquant effrontément[5] à tous leurs devoirs, cher-

(4) Quel style et comme il est bien à la hauteur des sentiments de l'écrivain !

(5) Ce qui est odieux et grotesque en tout ceci, c'est qu'un jeune homme sans valeur et presque sans services ose employer de semblables expressions quand il parle d'un officier qui a gagné ses épaulettes de capitaine de frégate aux batteries devant Sébastopol, celles de capitaine de vaisseau à l'attaque des forts du Peiho, où il a été magnifique, qui a commandé avec la plus grande distinction les divisions navales de Bourbon et de la Manche, qui a été membre du conseil d'amirauté, que respectent et affectionnent tous les honnêtes gens qui ont eu l'honneur de servir sous ses ordres.

» chent à capter leurs officiers par des manières dou-
» cereuses.

» J'accuse le capitaine de vaisseau Tricault, com-
» mandant de la *Reine-Blanche* (corvette cuirassée)
» d'avoir donné l'exemple de l'indiscipline[6] en n'ac-
» complissant pas sa mission. Que l'on juge : envoyé
» à deux reprises en croisière dans la mer du Nord,
» pour nuire au commerce ennemi[7] il n'a pas fait

(6) Et comment M. Mercereau qualifie t-il sa propre conduite, lorsque sur le gaillard arrière et dans les embarcations, il se livrait publiquement à des appréciations aussi malveillantes que déplacées des actes du commandant ?

(7) Tous les journaux qui ont reproduit cette lettre ont accepté sans discussion les assertions du dénonciateur ; ils se sont même empressés de le proclamer un officier distingué. M. Mercereau a pu supposer que la seule mission de la *Reine-Blanche* fût de nuire au commerce ennemi, mais il n'y a pas encore de règlement qui enjoigne aux commandants de communiquer aux officiers de leur état-major les instructions auxquelles ils doivent se conformer ; j'ai lu celles du commandant Tricault ; elles étaient multiples (la *Reine-Blanche* avait beaucoup de choses à surveiller dans sa station), et je pense qu'il pouvait considérer la chasse aux navires de commerce comme étant l'affaire des avisos et non la sienne.

Il y aurait à faire, sur les qualités nautiques et militaires des corvettes cuirassées, une dissertation trop longue pour trouver place dans une simple note. Employées comme croiseurs, on ne peut les regarder que comme navires de combat ; il faut que leurs préparatifs, qui sont très-longs, notamment en ce qui concerne les embarcations, soient faits en partie à l'avance. Les employer comme bâtiments de course est

» raisonner un seul bâtiment, n'a pas capturé deux
» navires de commerce prussiens qui sont passés près
» de lui pavillon haut. Dans sa seconde croisière qu'il
» a abrégée le plus possible, il n'a point fait raisonner
» un navire à vapeur suspect, qui a hissé le pavillon
» hollandais. De l'avis de tous les officiers du bord, ce
» navire était un croiseur prussien. Le commandant,
» en ce moment sur la passerelle, entendait les réflexions
» de ses officiers, mais il faisait la sourde oreille[8].

impossible ; ils ne marchent pas à la voile. A ceux qui disent la vérité à l'égard de ces bâtiments, on oppose l'exemple du *Montcalm*. Cet exemple confirme justement les idées du commandant Tricault ; dans sa croisière de deux mois aux Açores, le *Montcalm* a pris un navire de commerce prussien ; dans une traversée de l'Atlantique, la *Sibylle* en a pris trois. Si cette frégate avait rencontré sur sa route un navire comme l'*Augusta*, elle n'aurait eu qu'à amener son pavillon après une courte résistance, tandis qu'une corvette cuirassée aurait eu à combattre ; avec plusieurs officiers et les équipages de plusieurs prises hors de son bord, elle aurait éprouvé certaines difficultés. Le personnel de ces bâtiments qui semble considérable est bien juste suffisant ; les passages des poudres et des projectiles emploient un très-grand nombre d'hommes.

(8) M. Mercereau, qui blâme la brièveté de la seconde croisière, ne dit pas qu'elle a été expliquée par la nécessité de remédier à des défectuosités sérieuses, reconnues dans l'installation de l'une des pièces de tourelles, et qu'il y a, à ce sujet, un procès-verbal signé par lui. Ce fait ne donne-t-il pas la mesure de sa bonne foi ?

Quant aux navires qu'il reproche à son commandant de n'avoir pas capturés : le premier passait entre la *Reine-Blanche* et le port de Dou-

» Cette seconde croisière a consisté, comme la pre-
» mière, à faire des ronds dans l'eau. Je cite là une
» expression du commandant. Il y a d'autres faits à
» charge; ce n'est point ici le lieu de détailler par le
» menu.

» Ce sera affaire au Conseil d'enquête. Et maintenant
» que ceux qui ont maintes fois protesté *sotto voce*
» aient le courage de leur opinion.

» Agréez, etc.

» HENRY MERCEREAU,

» Lieutenant de Vaisseau de la *Reine-Blanche*. »

------

vres, à un mille de terre environ. M. Mercereau doit savoir qu'on ne pouvait l'arrêter dans les eaux anglaises. Au reste M. Mangeart, qui était de quart, ne fit pas même avertir le commandant, absent du pont. Le second était un pauvre brick sur lest qui, probablement (et pour moi certainement), avait un sauf-conduit. Si j'avais pensé qu'il pût être de bonne prise, je ne me serais jamais consolé, car le commandement en aurait été donné à M. Mercereau, dont le départ n'eût été pour personne l'objet d'un regret.

Quant au troisième, un aviso sous pavillon hollandais, il était aussi dans les eaux anglaises, à petite distance du bateau-feu de North-Goodwin, et M. Tricault n'a pas eu besoin de la haute expérience de M. Mercereau pour lui trouver des allures suspectes. En arrivant à Cherbourg, il le signala dans son rapport au préfet maritime.

(PIÈCE Nº 2)

DEUXIÈME LETTRE

« Brest, 24 Novembre 1870.

» Monsieur,

» La lettre suivante vient de m'être communiquée
» officiellement par l'autorité maritime du port de
» Brest :

« Tours, le 21 Novembre 1871.

» Monsieur le Préfet,

» Je vous annonce que, par une décision du gou-
» vernement de la défense nationale, en date de ce
» jour, rendue sur ma proposition, M. le lieutenant
» de vaisseau Mercereau (Henri-Edouard), de l'arron-
» dissement de Brest, a été placé dans la position de
» non-activité par retrait d'emploi, pour avoir discuté
» et blâmé, par la voie de la presse, les ordres et la
» conduite du commandant du bâtiment sur lequel il
» était embarqué. (Application de l'article 7 de la loi
» du 19 mars 1834.)

» Vous voudrez bien notifier, sans retard, cette dis-
» position à M. le lieutenant de vaisseau Mercereau,
» et me faire connaître la date de la notification, ainsi
» que le lieu où se retirera cet officier.

» FOURICHON. »

« En vertu de l'article 7, aller pourrir dans un cul de
» basse-fosse pour proclamation de la vérité avec
» récidive, j'y souscrirais volontiers, s'il en devait
» résulter quelque bien pour la cause commune ; mais
» je ne serais plus là pour dire : L'enquête, s'il vous
» plaît, n'oubliez pas l'enquête ; et cela ferait trop de
» plaisir à MM. Tricault et Hardy[9].

» M. Hardy, c'est le capitaine de frégate, second de
» la *Reine-Blanche*, qui voulait faire fusiller les mem-
» bres du gouvernement de la défense et qui traitait
» d'*absurde*, d'*idiote*, la résistance aux Prussiens.
» (Je parle à l'imparfait, parce que j'ignore s'il est
» toujours dans les mêmes idées[10].)

(9) M. Tricault a demandé une enquête au ministre dès que ces accusations parurent et l'on verra que j'ai mis toute l'insistance possible à
la demander moi-même, lorsque j'ai appris que M. Mercereau était rappelé à l'activité.

(10) Mon Dieu non, je n'ai changé d'idées ni alors, ni plus tard, et ces
idées les voici : C'est que des manifestations, des discours, des décrets, des
cris de Vive la République étaient impuissants pour chasser de France les
innombrables armées allemandes qui nous foulaient aux pieds : c'est que
le gouvernement de la défense nationale nous menait tout droit à une
ruine complète et à *la guerre civile* et qu'il mériterait le nom de gouvernement de la ruine nationale ; c'est qu'après Sedan nous pouvions
faire la paix, en cédant Strasbourg, facile à reprendre plus tard, en ra-
sant les fortifications de Metz et en payant au plus un milliard.

Plût à Dieu que tout le monde eût possédé alors le singulier courage

» Donc, plus de blâme, plus de discussion, c'est
» entendu. Mes seigneurs et maîtres ne me défendront
» point toutefois de causer de choses et d'autres avec
» mes amis et connaissances.

» Ainsi je puis faire observer que, la loi étant en
» principe la même pour tout le monde, les officiers
» de Metz qui ont discuté la conduite de Bazaine vont
» tous être mis en retrait d'emploi, en vertu de l'ar-
» ticle 6 ; d'autant plus que Bazaine n'est pas là pour
» se défendre, circonstance aggravante du délit prévu
» par ledit article 6.

» Cela va faire un *fort lot* d'officiers inoccupés et
» dans les *conjectures* actuelles, cela me semble fâ-
» cheux.

» Cependant, si cette opinion que je formule devait
» attirer quelque nouvelle calamité sur moi ou sur ma
» famille, je consentirais à la retirer.

» Peut-être me sera-t-il également permis par ce

ou la lâcheté de dire ce qu'il pensait de la situation ! Mais nous devions
avoir, en moins de deux mois, ce triste spectacle d'une nation qui, ne
voulant pas la guerre en juillet, se laissait persuader, par son gouvernement, qu'elle la déc'arait avec le plus vif enthousiasme ; qui, en septembre, se laissait entraîner par des rhéteurs à continuer la lutte la
plus désastreuse, tout en voyant l'abîme vers lequel ils la condui-
saient.

» temps de liberté de conscience, de confesser un
» article de ma foi ; le voici : entre la discipline et le
» devoir une âme droite ne saurait hésiter.

» La discipline a du bon.... pas trop n'en faut cepen-
» dant (voir l'*Histoire de France*, capitulations de Sedan
» et de Metz) ; la discipline varie avec les époques et
» les latitudes ; le devoir est un[11].

» Il faut m'excuser si mes pensées sont peu ou
» point cousues.

» Outre que je ne possède pas l'art des transitions,
» je souffre physiquement d'une névralgie, ravivée par
» la douleur morale.

» Quelques officiers commencent à désapprouver ma
» conduite qu'ils avaient chaudement approuvée.

» Le coup de pied de ces eunuques est une grande
» humiliation et une grande douleur.

» Je vous prie, Monsieur, je vous prie instamment

(11) Vraiment c'est à se demander si l'homme qui a écrit de telles in-
sanités avait la tête à lui, et les journaux qui ont mis tant d'empressement à les reproduire, étaient bien affamés de scandale, pour ouvrir
leurs colonnes à de pareilles élucubrations. Mais c'était un moyen
d'amouter les démagogues contre l'amiral Fourichon, que les gambet-
tistes purs trouvaient gênant dans la Délégation, et qu'à tout prix ils en
voulaient faire sortir. Ils se souciaient bien de la *Reine-Blanche* et de
M. Mercereau !

» de publier ma lettre ; il faut que la lumière se fasse ;
» je ne suis qu'un officier subalterne, mais je ne veux
» pas accepter la situation qui m'est faite ; c'est mon
» droit, c'est mon devoir de lutter jusqu'au bout.

» J'en appelle de la flétrissure imméritée que l'on
» m'inflige si légèrement ; car c'est flétrir un officier
» que lui retirer son emploi pendant la guerre.

» J'affirme de nouveau sur l'honneur, sans crainte
» d'être démenti en face par personne, tous les faits
» que j'ai signalés.

» J'en sais d'autres encore, mais je les garde pour un
» débat public.

» Pas un seul officier de la *Reine-Blanche* qui n'ait
» dit plusieurs fois : Le commandant mériterait de pas-
» ser conseil. Pas un qui n'affirme les faits attestés par
» moi, si on le met en demeure[12].

» Veuillez agréer, etc.

» HENRY MERCEREAU,
» Lieutenant de Vaisseau. »

---

(12) A cet appel public, plusieurs officiers de la *Reine-Blanche* ont répondu par des protestations contre la conduite de M. Mercereau ; quelques-uns même les ont écrites et déposées entre les mains du commandant Tricault. Il est évident que la vie du bord ne sera plus tenable s'il n'est pas possible, dans l'intimité, de laisser échapper une parole, dictée le plus souvent par l'ennui ou la mauvaise humeur, mais que l'on serait désolé de voir sortir de l'enceinte du carré, sans s'exposer à être mis en demeure, quelque jour, d'avoir à la répéter, sous serment, devant un tribunal ou un conseil d'enquête.

Lorsque cette seconde lettre me tomba sous les yeux, j'étais à Toulon et je la lus dans un méchant journal qui circulait à bord de la *Couronne*, dont j'étais second. Je trouvai trop fort que Monsieur Mercereau se posât en victime et je demandai au ministère l'autorisation de publier dans les journaux une note très-brève destinée à faire connaître à ses nombreux lecteurs et mon dénonciateur et le mobile qui le faisait agir.

Je reçus la réponse suivante :

(PIÈCE N° 3)

MINISTÈRE DE LA MARINE
ET DES COLONIES

« Bordeaux, le 15 Décembre 1870.

Cabinet du Ministre

» Mon cher commandant,

» Je reçois ce matin votre lettre du 13 et je réponds :
» Évitons toute polémique, ce n'est pas notre terrain,
» nous ne sommes pas des avocats ; nous ferions, en
» nous lançant dans cette voie, trop grand plaisir à
» tous ces amateurs de publicité. Ne leur répondre que
» par le silence est ce que nous avons de mieux à faire,
» à mon avis.

» Votre lettre sera d'ailleurs conservée et classée au
» dossier Mercereau.

» Sentiments cordiaux.

» A. ROUBET. »

Devant cette interdiction, je renonçai à la voie de la presse, mais pourtant je pensai que je pouvais n'être pas aussi silencieux qu'on me le recommandait, qu'il y avait intérêt à dévoiler le véritable caractère d'un homme qui se posait ainsi en pur et incorruptible, qui cherchait à abriter derrière les grands mots de foi, de devoir, de conscience, ce qu'en bon français on peut appeler une infamie. Je n'avais à éclairer ni ses camarades d'école, ni ses compagnons de navigation ; ils le connaissent et l'apprécient à sa juste valeur ; l'opinion sur son compte est unanime chez tous ceux que j'ai consultés et les témoignages ne m'ont pas manqué ; mais il y a bien des gens qui ignorent ce qu'il est. D'ailleurs il ne me convenait pas de me laisser attaquer aussi perfidement sans démasquer mon accusateur. Il y a une maxime qui sera de tous les temps : Calomniez, il en reste toujours quelque chose.

Je fis donc imprimer la circulaire suivante et la fis distribuer, à une centaine d'exemplaires, à mes amis et aux officiers de ma connaissance :

(PIÈCE N° 4)

« A bord de la *Couronne*, Toulon le 14 Décembre 1870.

» Monsieur,

» Dans deux lettres que toutes les feuilles radicales » des ports ont eu soin de reproduire, M. Mercereau,

» lieutenant de vaisseau, a lancé de graves accusations
» contre le commandant et le second de la *Reine-*
» *Blanche*. Dans ses dénonciations contre M. Tricault,
» il a été appuyé par M. Mangeart, lieutenant de vais-
» seau et un certain employé de la marine, qui a jugé
» prudent de garder l'anonyme, mais qui probablement
» sera découvert le jour où pourra avoir lieu l'enquête
» que j'appelle de tous mes vœux.

» Je n'ai point charge de défendre le commandant
» Tricault, mais je demanderai pourtant à ses dénon-
» ciateurs où ils ont eu communication de ses instruc-
» tions, pour venir lui reprocher publiquement de ne
» pas s'y être conformé ; et, ne les connaissant pas, je
» trouve qu'ils ont bien préjugé de leur expérience, en
» osant dresser contre lui un acte d'accusation au chef
» de trahison envers le pays.

» Pour ce qui me concerne personnellement, j'ai été
» traité avec une si odieuse perfidie et si grossièrement
» insulté dans le premier article de M. Mercereau, que
» j'aurais méprisé de répondre, si je ne le voyais, dans
» sa seconde lettre du 24 novembre, que je lis aujour-
» d'hui seulement, se poser en victime du devoir et de
» la conscience.

» En agissant comme il a fait, il savait parfaitement
» que le ministre allait le mettre en retrait d'emploi,

» mais il a tenu à donner à son nom une notoriété
» éclatante[13] ; en temps de troubles politiques, cela
» peut servir. En 1848, un nommé Voinchet, ex-élève
» de marine, bien connu de mes contemporains, faillit
» être élu membre de l'Assemblée constituante par la
» ville de Lyon. Que M. Mercereau cesse donc de
» prendre une attitude de martyr et de parler des cala-
» mités prêtes à fondre sur lui ou sur sa famille. Il a
» obtenu ce qu'il a cherché : faire du scandale. Il se
» plaint que sa conduite soit blâmée aujourd'hui par
» des officiers qui l'avaient approuvée d'abord et il les
» traite d'eunuques. Ce sont là des aménités de langage
» propres à cet apôtre de la modération qui m'appelle
» énergumène. Mais il est permis de croire que le
» nombre est petit de ceux qui ont pu le pousser dans
» la triste voie qu'il a suivie et l'on est heureux de
» penser que quelques-uns le regrettent.

» Le devoir est un, dit-il, et passe avant la discipline
» qui varie selon les époques et les latitudes. Si je
» m'en rapporte à ce que j'ai vu moi-même, aux nom-

(13) Au moment où j'écrivais ceci, j'ignorais que M. Gambetta avait
déjà récompensé la noble conduite de M. Mercereau, en le nommant
chef d'escadron de je ne sais quelle artillerie de son invention. Lorsque j'appris cette nouvelle, je me rappelai qu'au moment où paraissait
sa première lettre on m'avait dit : « Il sait bien qu'il sera mis en retrait
d'emploi, mais il s'est déjà arrangé en conséquence. »

» breuses mutations que l'on relève dans ses états de
» services et aux nombreux renseignements que j'ai
» recueillis sur son compte, il me paraît n'avoir jamais
» compris que, pour un officier, le respect de la disci-
» pline est le premier devoir.

» Est-ce bien d'ailleurs au seul sentiment du devoir
» qu'obéit M. Mercereau, quand il m'attaque avec une
» telle violence ? Je me permets d'en douter et voici
» pourquoi : Au commencement de 1865, je comman-
» dais en Cochinchine la canonnière la *Fusée* ; le
» second du bâtiment fut envoyé en Chine et je
» demandai à l'état-major général de me le remplacer.
» Je fus prévenu officieusement qu'un enseigne de
» vaisseau, récemment arrivé sur le *Monge*, allait
» probablement passer sur la *Fusée*. J'allai aux infor-
» mations et, quoique bien jeune encore, cet officier,
» qui n'était autre que M. Mercereau, avait déjà su se
» faire une telle réputation d'homme difficile à vivre et
» pour ses supérieurs et pour ses égaux, que je priai
» le chef d'état-major de ne pas me l'embarquer. Quel-
» ques jours après je partais pour une expédition de
» guerre avec des aspirants seulement[14].

---

(14) N'ayant pas tous mes papiers avec moi, à bord de la *Couronne*,
j'ai commis une erreur involontaire dans ce passage. M. Mercereau était
arrivé depuis plusieurs mois en Cochinchine ; il avait quitté le *Monge*
pour entrer aux affaires indigènes, dont il avait assez déjà, et où il n'a
pas laissé de meilleurs souvenirs qu'ailleurs.

» J'ai vu M. Mercereau pour la première fois à bord
» de la *Reine-Blanche*, en Juillet dernier, et je me suis
» fort applaudi d'avoir pu en être préservé sur la
» *Fusée*; mais je n'ai pas tardé à reconnaître que
» j'avais près de moi un implacable ennemi, dont j'ai
» eu le tort de ne pas me défier suffisamment[15].
» J'avoue que je n'aurais jamais cru un homme portant
» des épaulettes capable de ramasser quelques paroles
» échappées à l'emportement d'une discussion (pas
» avec lui bien entendu), d'en dénaturer le sens et de
» les jeter au public comme une accusation qui suffirait
» pour envoyer un homme à la lanterne, si les beaux
» jours de 93 pouvaient revenir. On m'aurait dit M. Mer-

(15) Je regrette de ne pouvoir exposer devant un conseil d'enquête de nombreux détails que j'ai conservés dans mes notes, sur la manière dont M. Mercereau comprend la discipline et sur sa conduite à bord de la *Reine-Blanche*; il faudrait tout un chapitre, qui ne serait pas à sa place ici; qu'il me suffise de dire que, malgré la patience que m'avait recommandée M. Thicault, à son endroit *(C'est un malade, me disait-il, il faut le traiter comme tel)*, patience dont je ne me suis jamais départi un seul instant, *il me contraignit* un jour à lui infliger des arrêts, que le commandant confirma.

Je crois bien qu'il ne faut pas chercher une autre cause au projet qu'il dut former dès-lors de dénoncer les abominations dont il avait été témoin. Cela se passait le lendemain du jour où nous apprîmes la proclamation de la République. Ainsi qu'un trop grand nombre de gens parmi ceux qui s'intitulent Républicains, M. Mercereau pense sans doute que, sous ce gouvernement, tout est permis.

» cereau lui-même susceptible de faire un si honteux
» métier, que je me serais refusé à le croire[16].

» J'ai émis plus d'une fois l'opinion qu'il aurait été
» sage de faire la paix après Sedan, mais j'ai toujours
» ajouté que si cette paix devait entraîner la cession
» d'une parcelle de territoire, elle ne serait qu'une
» trève et que la guerre recommencerait à la première
» occasion favorable. J'ajoutais : Nous ne sommes pas
» aussi bas qu'était la Prusse après Iéna ; nous voyons
» ce qu'elle est aujourd'hui, nous savons quels moyens
» elle a employés, nous les emploierons à notre tour.

- - - - - -

(16) Il faut que le sentiment de la haine ait bien aveuglé M. Mercereau
pour ne lui avoir pas permis de comprendre tout l'odieux d'une telle
action.

Je considère et j'ai toujours considéré comme un honneur pour notre
corps que personne n'y ait jamais été inquiété pour ses opinions. Dans
une carrière de vingt-sept ans, qui compte bien des années à la mer,
j'ai vécu à bord avec de jeunes Républicains ardents, avec des officiers,
contemporains du prince de Joinville, qui ne cachaient pas leurs sym-
pathies pour le régime tombé en 1848, avec des descendants d'anciennes
familles, qui avaient conservé les idées religieuses et légitimistes, puisées
au foyer paternel ; j'ai pris part à d'innombrables et orageuses discus-
sions sur la politique ou les événements contemporains et jamais, même
aux plus mauvais jours de 1848 ou de 1851, je n'ai entendu parler de dénon-
ciation, à plus forte raison de délation aussi vile que celle dont j'ai été
l'objet.

Espérons que ce déplorable exemple ne sera pas suivi, que l'espionnage
ne prendra pas racine sur nos bâtiments, que nos officiers resteront ce
qu'ils ont toujours été des types d'honneur et de loyauté.

» Quelque chose que puisse dire désormais M. Mer-
» cereau, je ne rentrerai pas dans le débat. Il raconte
» dans sa dernière lettre qu'il est malade ; sa maladie
» est plus morale que physique. C'est une nature fon-
» cièrement haineuse et vindicative ; s'il est vrai que
» le style soit l'homme, les lecteurs impartiaux l'auront
» jugé comme il doit l'être. Partout où il a passé, il a
» trouvé moyen de se créer des difficultés avec ses
» chefs et avec ses camarades ; la *Reine-Blanche* ne
» pouvait pas faire exception ; il invoque les témoi-
» gnages des officiers de ce bâtiment, je compte bien
» m'en servir contre lui.

» Veuillez agréer, etc.,

> » E. HARDY,
> » Capitaine de frégate. »

Me trouvant parfaitement dans mon droit, en ré-
pandant cette circulaire dans la marine, je ne crus pas
devoir me cacher du ministère et j'en adressai un
exemplaire au chef de bureau du personnel ; en
réponse, je reçus un blâme ainsi conçu :

(PIÈCE N° 5)

CABINET DU MINISTRE.   Bordeaux, 23 Décembre 1870.

—

« Mon cher Commandant,

» J'ai reçu ce matin votre circulaire et votre lettre ;
» je regrette que vous n'ayez pas suivi mon conseil

» d'une façon absolue. Il ne peut être question d'une
» enquête et vous n'aviez pas à vous défendre[17]. Dans
» cette situation, le silence était plus digne ; c'est là,
» du reste, l'avis du Ministre.

» Croyez toujours à mes sentiments de considération,

» A. ROUBET. »

En quittant la *Couronne*, à la fin de Janvier 1871,
je rentrai à Brest, et grand fut mon étonnement d'apprendre, dans le courant du mois de Février, que
l'amiral Fourichon, avant sa sortie du ministère, avait
rappelé M. Mercereau à l'activité. Après ma circulaire
du 14 Décembre et la lettre du commandant Roubet
du 23, j'avais renoncé à l'idée de provoquer une enquête, mais il me sembla que, pour les délits qu'il
avait commis, la peine de trois mois de service comme
chef d'escadron, appliquée à M. Mercereau, était quelque chose de trop bizarre, et, le 21, je déposai entre
les mains du major général une plainte contre cet
officier, à raison des injures qu'il avait publiées contre
moi. C'est alors que je commençai à lutter contre une

---

(17) Je comprends que l'amiral Fourichon n'ait pas voulu céder à la
pression des journaux qui, d'un bout de la France à l'autre, demandaient
l'enquête, criaient au scandale et s'apitoyaient à qui mieux mieux sur le
sort d'un jeune officier, rempli de mérite et indignement sacrifié. Mais
une fois le calme rétabli dans les esprits, pourquoi refuser cette enquête
aux demandes du commandant Tricault et aux miennes?

volonté bien arrêtée de me refuser toute réparation, volonté devant laquelle j'ai dû m'arrêter dans mes démarches pour obtenir justice, et cela pour des raisons que je dirai en terminant.

Le 5 Mars, je me présentai chez le Préfet Maritime, pour m'enquérir de la suite donnée à ma plainte ; je fus reçu de façon à n'avoir pas envie de revenir et pus m'apercevoir de suite que l'on me trouvait très-gênant ; il me fut répondu que je ne concluais à rien, dans la lettre que j'avais remise à l'autorité supérieure du port, et que si je voulais poursuivre, j'eusse à m'adresser au Ministre. Je me retirai, en pensant qu'on eût pu me le faire savoir beaucoup plus tôt, et le lendemain 6, j'écrivis la lettre suivante :

(PIÈCE N° 6)

« Brest, le 6 Mars 1871.

» Monsieur le Ministre,

» Je viens seulement d'apprendre que M. Mercereau, » lieutenant de vaisseau de la *Reine-Blanche*, mis en » retrait d'emploi par une décision datée du 21 Novembre 1870, a été rappelé à l'activité.

» La décision en question porte que cette mesure » disciplinaire lui a été appliquée, pour avoir discuté » et blâmé, par la voie de la presse, les ordres et la » conduite du commandant du bâtiment sur lequel » il était embarqué. Elle fut prise à la suite d'une

» lettre de cet officier, datée du 13 Novembre, dénon-
» çant le commandant Tricault ; elle fut suivie d'une
» seconde encore plus violente, qui porte la date du
» 24, après laquelle Monsieur Gambetta nomma son
» auteur chef d'escadron d'artillerie.

» Or, dans ces deux lettres, M. Mercereau m'a
» outragé de la façon la plus formelle et j'ai l'honneur,
» Monsieur le Ministre, de vous signaler ce fait, qui
» semble avoir passé inaperçu et de vous demander
» justice.

» En effet, dans la première lettre, on lit :

« Je ne juge point dangereux les énergumènes, etc. »

» Dans la seconde se trouve le passage suivant :

« M. Hardy, c'est le capitaine de frégate, etc. »

» Ces injures ont eu un retentissement considérable,
» elles ont été reproduites par tous les journaux démo-
» crates de France ; je les ai lues à Lorient, à Brest,
» à Toulon, à Nice ; au fond de ma province, elles
» sont tombées sous les yeux de ma famille, qui s'en
» est affligée.

» Il était impossible à M. Mercereau de donner une
» plus grande publicité à ses insultes et c'est un devoir
» impérieux pour moi de chercher à obtenir une répa-
» ration, par tous les moyens en mon pouvoir. Je n'ai
» recueilli d'autre récompense de mes services que

» l'estime de tous ceux qui me connaissent et je ne
» puis laisser impunément traîner dans la boue le nom
» que je porte honorablement.

» C'est pourquoi, Monsieur le Ministre, je vous de-
» mande, avec les plus vives instances, d'ordonner à
» Brest la convocation d'un conseil d'enquête, chargé
» de juger la conduite de M. Mercereau et la mienne.
» Je vous conjure de ne pas me refuser le seul moyen
» *légal* que je connaisse d'arriver à la réparation que
» je revendique. Je suis convaincu d'ailleurs qu'il y
» aurait grand avantage à soumettre à un examen
» sérieux cette affaire de la *Reine-Blanche* et à mettre
» en lumière le rôle que chacun y a joué. Tel est l'avis
» du commandant Tricault, lequel, dès le début, avait
» lui-même demandé une enquête.

» La situation extraordinaire faite à mon accusateur
» me donne l'air d'un coupable envers lequel on use
» d'indulgence, et c'est un rôle contre lequel je pro-
» teste avec indignation.

» Je suis, avec une très-profond respect, etc.,

» E. HARDY. »

Le résultat de ma démarche fut tout-à-fait inattendu ;
on me donna, le 13 Mars, le commandement de la
Minerve pour aller chercher des prisonniers dans
l'Elbe. On évitait ainsi de répondre à une demande

embarrassante ou tout au moins on ajournait la réponse à faire. Certainement la position du ministère était très-fausse ; il est évident qu'en traitant de la même manière M. Mercereau et les autres officiers, placés en retrait d'emploi à la même époque, on avait omis de tenir compte des circonstances particulières qui avaient accompagné les offenses contre la discipline, commises par ces messieurs. En quittant le ministère, l'amiral Fourichon avait proclamé une amnistie générale ; accorder l'enquête que je demandais avec instances, c'était s'exposer à recevoir une sorte de désaveu de la part du conseil qui en serait chargé. Or, les ministres passent, mais les bureaux restent, et il est admis que les bureaux ne peuvent jamais avoir tort.

Quoi qu'il en soit, je fis ma corvée sans la moindre observation. A la fin du mois d'Avril je rentrais à Brest, et le 1ᵉʳ Mai, conformément aux règles de la hiérarchie, j'écrivis au major général, qui avait reçu ma lettre du 6 Mars (pièce n° 6), pour lui demander communication de la réponse qu'on avait eu le temps de faire parvenir au port. Le lendemain 2, la lettre que je lui écrivais m'était renvoyée avec la note ci-dessous :

« J'ai l'honneur de faire connaître à M. le Comman-
» dant de la *Minerve* que l'enquête qu'il avait deman-

» dée a été soumise le jour même au Préfet, et que je
» n'ai rien su depuis.

» Le C.-A. Major général,
» A. DAURIAC. »

En conséquence, le 3, je m'adressais au vice-amiral
Préfet maritime et je terminais ma lettre en m'excusant
de mettre de côté le conseil qu'il m'avait donné de ne
pas ennuyer, avec cette affaire de la *Reine Blanche*, le
ministère qui avait à s'occuper d'intérêts bien autre-
ment sérieux, parce que, disais-je, « nous vivons dans
» un temps où il faut tenir compte de l'opinion publi-
» que ; j'ai consulté à Brest un grand nombre d'officiers
» supérieurs et de lieutenants de vaisseau ; tous ont
» été d'avis que je ne dois pas laisser M. Mercereau
» jouir en paix de son triomphe. »

Cette dernière lettre fut transmise le jour même au
ministère, mais celui-ci a continué à garder envers
moi le plus complet silence. Je crois avoir fait tout ce
qui était possible pour obtenir ce que je demandais et
je juge prudent de m'arrêter. Après ma lettre du 6
Mars (pièce n° 6) on m'a envoyé dans l'Elbe, une plus
grande insistance de ma part pourrait me faire donner
quelque poste de confiance en Cochinchine, à Cayenne
ou au Sénégal.

Pendant que je recueillais les documents dont j'avais besoin pour me présenter devant un conseil d'enquête, je me suis trouvé en relations directes ou en correspondance avec presque tous les officiers de la *Reine-Blanche* et j'en ai reçu des témoignages d'amitié et de sympathie, dont j'ai été très-touché, dont je les remercie du fond du cœur, mais j'ai fait une découverte, qui m'a causé une vive surprise. Aucun de ces Messieurs n'ignore que mon opinion était contraire à la continuation de la guerre, mais aucun de ceux que j'ai pu interroger ne m'a entendu formuler de proposition tendant à faire fusiller les membres du Gouvernement de la défense nationale. Je me demande comment il se fait qu'un propos que je suis supposé avoir tenu si publiquement n'ait été entendu que de M. Mercereau, le seul officier du bord avec lequel je n'ai eu d'autres relations que celles qu'exigeait le service et lorsqu'il m'était tout-à-fait impossible de les éviter.

J'ai fini l'exposé des pièces principales du dossier que je comptais présenter aux juges que j'ai demandés, et puisqu'on n'a pas voulu me les donner, je me soumets au verdict de l'opinion publique. Ces pièces et les notes qui les accompagnent permettront aux officiers qui les liront d'apprécier l'homme auquel j'ai eu affaire. Les événements que nous traversons ont une telle gravité, les mutations sont si fréquentes dans notre corps que, dans quelques années, on aurait oublié ce qui s'est passé sur la *Reine-Blanche*, et M. Mercereau pourrait porter la tête haute ; cela serait fâcheux à tous égards. Il faut que l'officier qui a commis une action aussi méprisable en porte le châtiment ; s'il ne quitte pas la marine, ce qu'il devrait avoir déjà fait, il faut que, partout où il servira, le souvenir de cette infamie le suive. C'est le but que je me propose d'atteindre en publiant cette brochure et en en conservant un nombre d'exemplaires suffisant pour pouvoir en adresser, plus tard, aux officiers qui auront la mauvaise chance d'avoir M. Mercereau pour inférieur ou pour camarade.

Brest, le 1er Juin 1871

E. HARDY.

Les pages qui précèdent étaient livrées à l'impression, depuis le 3, lorsque le 7, je fus mandé à la Préfecture maritime. Je m'y rendis le lendemain, et l'amiral m'annonça qu'il avait reçu du Ministre une dépêche lui enjoignant de m'infliger un blâme, au sujet de l'insistance que je mettais à poursuivre ma demande d'enquête et de m'inviter à ne pas fatiguer plus longtemps le Ministre de mes importunités. — Je l'interrompis pour lui dire que le Ministre appelle des importunités ce que j'appelle de justes réclamations. — Il ajouta que le moment était inopportun, qu'il m'avait prévenu lui-même que je n'obtiendrais rien, qu'il était fâcheux que j'eusse persévéré quand même. Je répondis que j'avais considéré comme un devoir d'agir ainsi et que la morale de tout cela était que nous vivions dans un temps où un supérieur, insulté publiquement par son inférieur, ne pouvait pas obtenir justice. Je demandai ensuite communication de la dépêche ministérielle, ce qui me fu refusé.

Là se termina l'entretien.

Je conviens volontiers que l'enquête peut être aujourd'hui considérée comme inopportune, mais elle ne l'était pas au mois de Février, lorsque j'ai formulé ma plainte et, en évitant de répondre aux lettres que je lui ai adresssées, le Ministre prouve suffisamment qu'il n'a pas une seule bonne raison à donner pour refuser de faire droit à ma demande.

8 Juin 1871.

Brest. — Imp. J. B. Lefournier aîné, Grande Rue, 86.